EN VENTE : La Citerne d'Albi.

LA FRANCE

DRAMATIQUE

AU DIX-NEUVIÈME SIÈCLE.

CHOIX DE PIÈCES MODERNES.

Palais-Royal.

LE CAPORAL ET LA PAYSE,

COMÉDIE-VAUDEVILLE.

717—718.

PARIS.

C. TRESSE, ÉDITEUR,

ACQUÉREUR DES FONDS DE J.-N. BARBA ET V. BEZOU,

SEUL PROPRIÉTAIRE DE LA FRANCE DRAMATIQUE,

PALAIS-ROYAL, GALERIE DE CHARTRES, Nos 2 ET 3

Derrière le Théâtre-Français.

1841.

LE CAPORAL ET LA PAYSE

COMÉDIE-VAUDEVILLE EN UN ACTE,

PAR

MM. VARIN, PAUL DE KOCK ET GARNIER,

Représentée, pour la première fois, à Paris, sur le théâtre du Palais-Royal, le 23 octobre 1841.

DISTRIBUTION DE LA PIÈCE.

M. POUPELARD, employé	M. SAINVILLE.
Mme POUPELARD, sa femme	Mme MOUTIN.
M. JONQUILLE, parfumeur	M. GRASSOT.
ARTHÉMISE, jeune bonne	Mme LEMÉNIL.
EXUPÈRE, caporal, amoureux d'Arthémise	M. RAVEL.

La chambre d'une bonne. — Porte au fond qui donne sur le carré. Armoire à côté. A gauche du spectateur, une alcôve; à côté, un berceau, une table de nuit. En face, à droite, une cheminée, entre deux portes latérales. Celle du premier plan donne dans un cabinet. Celle du troisième plan conduit à l'appartement de M. et Mme Poupelard. Vêtemens de la bonne pendus à un porte-manteau près de l'alcôve.

SCÈNE I.

ARTHÉMISE, seule, arrivant par la porte de droite. — A la cantonade.

Oui, madame, oui!... je m'en vas chercher dans ma chambre, quoique je soye bien sûre que vous n'y avez pas laissé votre éventail... (A elle-même.) Cette madame Poupelard, elle est risible pour ne jamais savoir ce qu'elle fait de ses affaires... Et puis on me dit : Arthémise, cherchez donc dans votre chambre, ça doit y être... V'là l'ennui d'avoir une chambre qui sert de sortie... qué cassine de logement! c'est tout d'une venue. Avec ça que la condition n'est pas déjà si cossue... Un petit employé aux finances qui en manque souvent... deux mioches à soigner qui couch' auprès de moi... Madame qu'il faut habiller... Monsieur qui me gronde toujours... Et pourtant j'y tiens à ces gens-là... On s'accoquine aux maîtres... avec ça que madame est ma marraine... c'est elle qui m'a donné de l'éducation... Elle m'a fait apprendre la cuisine... Et puis elle n'est pas regardante sur l'article du cœur, et c'est beaucoup.

AIR du vaudeville de l'Avare.

Le sentiment m'est nécessaire,
Il fait le charme de mes jours;
A l'intérêt je ne tiens guère,
Et je n' peux vivre sans amours. (*bis.*)
Si mes mœurs étaient plus sauvages,
J'y gagn'rais; mais j'aime encor mieux
Qu'on me permett' les amoureux,
Et qu'on m' les rabatt' sur mes gages.

Madame sait que j'aime Exupère, un de mes pays, qui est caporal dans le centre... Il doit venir ce soir me tenir société... et pourvu que monsieur ne s'aperçoive de rien... car lui, il ne plaisante pas... Il est si méchant pour moi, ce vieil ours-là... (On frappe à la porte.) Tiens!... on frappe... Est-ce que ce serait déjà Exupère?... (Elle va ouvrir.) Oh!... c'est M. Jonquille!

SCÈNE II.

ARTHÉMISE, JONQUILLE.

JONQUILLE, entrant.

Bonsoir, Arthémise!... bonsoir, petite bonne, agaçante et jolie!...

ARTHÉMISE.

Vous venez pour voir madame... c'est qu'elle s'habille... elle va en soirée avec monsieur...

JONQUILLE.

Oui, oui... je le sais... ne les dérange pas... J'aime autant jaser avec toi!... Ta mine friponne ramène un peu de joie dans mon cœur navré!... Oh! je suis un homme bien fatigué de la vie!

C.

ARTHÉMISE.

Vous, monsieur Jonquille !... un parfumeur !

JONQUILLE.

Tu me crois heureux parce que je nage dans les parfums... parce que mon existence est embaumée... Mais les momies aussi sont embaumées... et personne n'envie leur bonheur... égyptien.

ARTHÉMISE.

Quelle différence !... vous n'êtes pas encore tout à fait une momie, vous !

JONQUILLE.

Je suis loin de l'être... et pourtant... sentir... toujours sentir... voilà ce qui tue... à la longue. (Flairant les cheveux d'Arthémise.) Tu as mis du jasmin aujourd'hui ?

ARTHÉMISE.

Oui... ça vient de vous !... c'est la pommade que vous m'avez donnée.

JONQUILLE.

Je la reconnais... elle me saute au nez !... Tiens, voilà un pot de tubéreuse... c'est plus aristocratique... (Il lui donne un pot de pommade.)

ARTHÉMISE.

Ah ! vous êtes bien honnête ! (A part.) Je n'en manquerai pas de pommade. (Haut.) Dites donc, vous n'auriez pas du chameau ?...

JONQUILLE.

Tu préfères le chameau ?... Tu auras du chameau... à la vanille... J'en ferai tuer un exprès pour toi... est-ce qu'on peut rien te refuser ?... tu me demanderais vingt mille livres de rente... parole d'honneur, si je les avais, ça me ferait plaisir... Et dernièrement tu as formé le vœu d'aller au Vaudeville... voir jouer Arnal...

ARTHÉMISE.

Vous auriez un billet ?...

JONQUILLE, le lui donnant.

De deux places !...

ARTHÉMISE.

Pour quand ?

JONQUILLE.

Pour ce soir !... Des stalles de troisième galerie... le lustre ne gêne pas... on voit par dessus !

ARTHÉMISE.

Et je verrai Arnal ?

JONQUILLE.

Tu jouiras de sa présence en deux actes !... Ne manque pas d'y aller !

ARTHÉMISE.

Non, non !... je m'arrangerai pour ça.

JONQUILLE.

C'est bien ! (A part.) A neuf heures et demie, Éléonore sera seule... O amour ! seconde mon audace !

ARTHÉMISE, à part.

Et mon caporal qui doit venir...

JONQUILLE.

Au revoir, petite ! .. Ah ! j'oubliais... fais-moi le plaisir de remettre ce léger papier à ta belle maîtresse. (Il lui donne un papier.)

ARTHÉMISE.

Une lettre ?

JONQUILLE.

Du tout !... Peux-tu supposer ?...

AIR de Masaniello.

C'est simplement une facture
De gants glacés, de patchouli ;
Mais ne va pas, je t'en conjure,
En parler devant son mari.
De ces objets sans importance
C'est elle qui fait tous les frais,
Et c'est enfin une dépense
Qu'elle prend sur ses fonds secrets.

POUPELARD, dans la coulisse.

Arthémise !... Arthémise !...

ARTHÉMISE.

Ah ! mon Dieu !... c'est lui !

JONQUILLE.

Cache ça bien vite !

SCÈNE III.

LES MÊMES, POUPELARD.

POUPELARD.

Arthémise !... Eh ! bien, répondrez-vous, mademoiselle, quand je réclame vos soins ?

ARTHÉMISE.

J'y allais, monsieur !

POUPELARD.

Que vois-je ?... monsieur Jonquille... j'ai bien l'honneur... Il y a long-temps que vous êtes là, voisin ?...

JONQUILLE.

J'arrive, monsieur Poupelard... il n'y a pas dix secondes que je suis céans !

ARTHÉMISE, à part.

Le menteur !

JONQUILLE.

Mais comme Arthémise m'a dit que vous étiez entrain de vous vêtir...

POUPELARD.

C'est vrai... je me dispose à aller en soirée chez mon chef de bureau...

JONQUILLE.

Tout seul ?...

POUPELARD.

Non ! simultanément avec ma légitime... Elle ne voulait pas y venir... sous prétexte qu'elle n'aime ni le jeu, ni la conversation, ni l'eau sucrée... Je ne sais pas trop ce qu'elle aime, ma légitime.

JONQUILLE.

Je m'en doute, moi !... Sa santé est peut-être chancelante ?

POUPELARD.

Sa santé est parfaite!... sauf la migraine qu'elle a continuellement... mais c'est sa faute!... Depuis quelque temps, elle s'est passionnée pour les odeurs... c'est effrayant, monsieur, ce qu'elle en consomme... Elle tourne au sachet, ma légitime.

JONQUILLE, à part.

Femme sensible!... j'apprécie ton procédé!

POUPELARD.

Je l'aimais beaucoup avant ça... je l'adorais... Mais à présent je ne peux plus la respirer.

JONQUILLE, à part.

Elle le lui rend bien!

POUPELARD.

Croyez-vous qu'elle voulait me parfumer moi-même?... Mais minute... je lui ai dit : Ma chère amie, sens bon si tu veux, moi, ce n'est pas mon goût!

JONQUILLE.

C'est clair!... chacun a le sien... Je ne veux pas vous importuner davantage... si j'avais su que vous sortissiez, je n'aurais pas pris l'extrême liberté...

POUPELARD.

Voisin, je suis bien le vôtre...

JONQUILLE, bas, à Arthémise.

Ne manque pas d'aller au spectacle.

ARTHÉMISE, de même.

Il n'y a pas de risque!

POUPELARD, à part.

Pourquoi donc parle-t-il bas à ma domestique?

ENSEMBLE.

AIR du Commis, etc.

JONQUILLE.

Adieu, voisin, et bonne chance,
Allez vous amuser ce soir.
(A part.)
Je reviendrai, douce espérance!
Ici je pourrai la revoir!

POUPELARD.

Adieu, voisin, j'ai l'espérance
De beaucoup m'amuser ce soir.
Je soupçonn' quelque manigance;
Mais n' laissons rien apercevoir.

ARTHÉMISE, à part.

Ah! je me réjouis d'avance
Du spectacle que je vas voir.
Il s'en vont tous, en leur absence,
J' vais fièr'ment m'amuser ce soir.

POUPELARD, à part.

A ma bonne il parle sans cesse,
La trouverait-il de son goût?

JONQUILLE, bas, à Arthémise.

Songe au papier pour ta maîtresse!

ARTHÉMISE, bas.

Soyez tranquill', je réponds d' tout.

REPRISE.

Adieu, voisin, etc.

(Jonquille sort.)

SCÈNE IV.

ARTHÉMISE, POUPELARD.

POUPELARD.

Arthémise, qu'est-ce que vous disait donc M. Jonquille?...

ARTHÉMISE.

Lui?... quand ça?...

POUPELARD.

A l'instant!... vous chuchottiez à l'écart...

ARTHÉMISE.

Je n'ai rien entendu?

POUPELARD.

Arthémise, vous mentez... c'est monstrueux comme vous mentez!... Où est la brosse?... je venais chercher la brosse... où est la brosse?...

ARTHÉMISE.

Est-ce que je sais, moi?

POUPELARD.

Elle doit être ici... Et tenez, la voilà... (Il va la prendre sur la cheminée et brosse son chapeau.) Vous égarez tout... vous n'avez aucune sollicitude pour mes effets.

ARTHÉMISE.

Mon Dieu, vous bougonnez pour la moindre chose... vous êtes toujours en colère.

POUPELARD.

Oui, je bougonne... oui, je suis en colère!... je voudrais te rendre la vie très dure!

ARTHÉMISE.

Mais pourquoi?... qu'est-ce que je vous ai fait?

POUPELARD.

Pourquoi?... tu me le demandes?... Ingrate!... parce que je t'aime!

ARTHÉMISE.

Vous m'aimez, vous?...

POUPELARD.

J'ai cette infirmité.

ARTHÉMISE.

Et depuis quand!

POUPELARD.

Depuis toujours!

ARTHÉMISE.

Et vous ne cessiez de me rudoyer!

POUPELARD.

C'était de l'amour!

ARTHÉMISE.

Je crois même que l'autr' fois vous avez presque levé votre canne...

POUPELARD.

C'était de l'amour!... Je t'aime au point de t'assommer... voilà mon tempérament.

ARTHÉMISE.

Qu'est-ce qui se serait douté de ça?

POUPELARD.

Je combattais, Arthémise... je luttais à l'intérieur!... Mais la digue est rompue et je bénis cet accident!

ARTHÉMISE.

Comment, vous, monsieur!... un homme marié!... C'est du propre!

POUPELARD.

C'est vicieux, je l'avoue... mais j'ai pris mon parti là-dessus.

ARTHÉMISE.

Voulez-vous bien vous taire... si madame vous entendait...

POUPELARD.

Ma légitime est occupée à mettre ses gants... et quand elle met ses gants... elle en a pour trois quarts-d'heure.

ARTHÉMISE, regardant la main de Poupelard.

Oh!... quelle jolie bague vous avez au petit doigt... comme ça brille!

POUPELARD.

C'est un camée enrichi de pierres assez précieuses... j'en ai décoré ma phalange pour aller chez mon chef de bureau... Ce bijou te plait donc?

ARTHÉMISE.

Dam! c'est superbe!... et moi, j'aime ce qui est beau.

POUPELARD.

Flatteuse!... Dis donc... Arthémise... ma légitime reviendra sans doute de bonne heure... Moi je rentrerai fort tard...

ARTHÉMISE.

Qué que ça me fait?... si vous rentrez tard, vous prendrez votre clé!

POUPELARD.

Friponne!... (Il lui prend la taille.)

ENSEMBLE.

ARTHÉMISE.

AIR : Promenons-nous. (Tourlourou.)

Finissez donc,
Laissez-moi donc,
C'est pis qu'un vrai démon!
Lorsque les vieux
Sont amoureux,
C'est encor dangereux!

POUPELARD.

Charmant tendron,
Cède-moi donc,
Pourquoi tant de façon?
Lis dans mes yeux,
Comble mes vœux,
Je suis très amoureux.

ARTHÉMISE.

C'est que moi je me r'biffe!

POUPELARD.

Il me faut un baiser...

ARTHÉMISE.

Finissez ou j' vous griffe!

POUPELARD.

Tu ne peux refuser.

REPRISE DE L'ENSEMBLE.

Finissez donc, etc.

(Mme Poupelard paraît au moment où il va l'embrasser.)

SCÈNE V.

LES MÊMES, Mme POUPELARD.

Mme POUPELARD.

Que vois-je?... est-il possible!

POUPELARD.

Ma légitime!

Mme POUPELARD.

Quoi, monsieur, vous osez!... presque sous mes yeux... sans égard pour mes souffrances!...

POUPELARD.

Ça ne s'en va donc pas cette migraine?

Mme POUPELARD.

Ah! monsieur, vous me ferez mourir... vous creusez ma tombe à petits feux!

ARTHÉMISE.

Madame peut être bien sûre que pour mon compte...

Mme POUPELARD.

Oui, Arthémise... je vous rends justice... mais quant à monsieur Poupelard...

POUPELARD.

Poupoule, tu vas encore te faire monter le sang à la tête!

Mme POUPELARD.

Ah! je suis une malheureuse victime!

POUPELARD.

Eh bien! oui, là... tu es un petit peu malheureuse... est-tu contente?

Mme POUPELARD.

AIR Voltaire chez Ninon.

Ah! vous êtes un homme affreux!

POUPELARD.

Je le suis!

Mme POUPELARD.

Vous n'avez pas d'âme!

POUPELARD.

Non! je n'en ai pas si tu veux.

Mme POUPELARD.

Allez! vous êtes un infâme!

POUPELARD.

Un infâme, soit! je le suis.
Eh quoi! bobonne, tu t'arrêtes!...

Mme POUPELARD.

Il le faut bien, car je ne puis
Vous dire tout ce que vous êtes.

POUPELARD.

Ma reine, puisque tu as fini de mettre tes gants, si nous décampions?

Mme POUPELARD.

Ah ! vous ne méritez pas d'avoir une épouse vertueuse.

POUPELARD.

Viens-tu, mon adorée ?

Mme POUPELARD.

Hélas !... Arthémise, vous ne sortirez pas ?

ARTHÉMISE.

Oh ! madame peut être tranquille !

Mme POUPELARD.

Ayez bien soin des enfans... Dodore est couché, n'est-ce pas ?

ARTHÉMISE.

Oui, madame... il y a long-temps qu'il dort.

Mme POUPELARD.

Et l'autre, mon petit Guguste ?

ARTHÉMISE.

Il dort aussi dans son berceau !

Mme POUPELARD.

S'il venait à crier, vous avez le biberon-Darbo...

ARTHÉMISE.

Oui, madame, je sais m'en servir.

POUPELARD.

C'est si commode, les biberons... surtout pour les tendres mères qui sortent souvent.

Mme POUPELARD.

Arthémise, veillez bien sur mon petit Guguste !... c'est mon chéri, mon Benjamin... il me ressemble tant !

POUPELARD.

Il crie toujours !

Mme POUPELARD.

Allons, monsieur, je vous attends !

POUPELARD.

Me voici, mon adorée !

ENSEMBLE.

AIR : Pantalon de la Figurante.

Allons, partons sans tarder davantage,
Et puissions-nous nous divertir !
Mais dans le monde, ah ! c'est souvent l'usage,
L'ennui remplace le plaisir.

Mme POUPELARD, à part.

J'ai vraiment le cœur ulcéré ;
Mais à mon sort restons soumise.

POUPELARD, à Arthémise.

Sans adieu, féroce Arthémise,
Va, tôt ou tard je te plairai.

REPRISE DE L'ENSEMBLE.

Allons, partons, etc.

ARTHÉMISE.

Allez, partez, sans tarder davantage,
Et puissiez-vous vous divertir !
Mais dans le monde, ah ! souvent c'est l'usage,
L'ennui remplace le plaisir.

(M. Mme Poupelard sortent par le fond, la bonne les éclaire.)

SCÈNE VI.

ARTHÉMISE, seule.

Les v'là partis !... Les maîtres sont-ils drôles !... ça peut sortir quand ça veut, et c'est une heure à tournailler !... c'est pourtant si bon de sortir !... Oh ! il n'y a pas dire, puisque j'ai un billet, il faut que j'aille à la comédie... Tiens, en parlant de billet, j'ai oublié de glisser à madame la facture de M. Jonquille... Une facture cachetée... la belle malice... Tant pis, elle l'aura demain ; je m'en vas la fourrer quelque part... ah ! sous les mouchettes... monsieur n'y touche jamais... il se donne un genre de ne brûler que de la bougie... (Elle met le billet sous les mouchettes.) Ah ! ça mais j'y pense... j'ai un billet de deux places... et je suis toute seule... J'emmènerais bien Exupère qui va venir... mais non ! il faut quelqu'un pour garder les enfans... je lui dirai que j'ai une commission à faire... pendant ce temps-là, j'irai voir une pièce avec ma cousine Turlure... et je reviendrai... Mon caporal veillera sur les moutards... ça lui comptera pour une corvée.

EXUPÈRE, au dehors.

Je connais la meunière,
Qui possède un moulin.

ARTHÉMISE.

Oh ! le v'là qui roucoule dans l'escalier... a-t-il une jolie voix !... qué dommage qu'il ne soit pas dans les tambours !

SCÈNE VII.

EXUPÈRE, ARTHÉMISE.

EXUPÈRE, entr'ouvrant la porte.

Garde à vous ! garde à vous.

Bonsoir, payse... es-tu plongée dans la solitude ?

ARTHÉMISE.

Oui... Entre donc !

EXUPÈRE, chantant.

Ah ! qu'on est fier d'être Français...

ARTHÉMISE.

Mais tais-toi donc !... tu vas réveiller les petits bourgeois.

EXUPÈRE.

Fichtre ! ne troublons pas leurs pavots... (Etendant les mains.) Jeunes mômes, que le sommeil vous soit lourd !...

ARTHÉMISE.

Oh ! toi, tu détestes les enfans... c'est connu...

EXUPÈRE.

Je les adore, au contraire... c'est leur âge que

je n'aime pas... ils viennent au monde trop jeunes... v'là leur défaut.

ARTHÉMISE.

Va, tu ne diras pas toujours ça... quand tu seras père...

EXUPÈRE.

Je n'aspire pas après cet avancement.

ARTHÉMISE.

Pourtant, monsieur, quand vous aurez fini vot' temps, vous savez que nous devons aller nous établir dans not' village... moi d'abord je veux revoir mon pays !

EXUPÈRE.

Eh bien ! le voilà ton pays ! il est devant toi, ton pays !... je suis le tien comme tu es la mienne et ça doit te suffire.

AIR de ma Chaumière.

O ma payse !
Moi ce que j'aim' dans mon pays,
C' n'est pas l'clocher, c'n'est pas l'église,
C' n'est pas le chaume où je naquis...
C'est ma payse !

DEUXIÈME COUPLET.

ARTHÉMISE.

De ta payse
Quoique tu sembles bien épris,
Dès qu'une femme est à ta guise,
Qu'ell' soit ou non de ton pays,
C'est ta payse !

EXUPÈRE.

Arthémise, tu es ma seule, parole sacrée !... ce matin, on m'a coupé les cheveux, et je t'en ai conservé plusieurs dans du papier.

ARTHÉMISE.

Je m'en fiche pas mal de tes cheveux !... garde-les pour l'hiver, ça te tiendra chaud.

EXUPÈRE.

Tu les dédaignes !... (A part.) J'en trouverai le placement. (Il les remet dans sa poche.)

ARTHÉMISE.

Quand nous serons mariés, à la bonne heure... car enfin, monsieur, vous avez promis de m'épouser !

EXUPÈRE.

Je te le promets encore... mais ta marraine ne donnera jamais sa filleule à un caporal... Je connais ses idées sur les caporaux.

ARTHÉMISE.

Ah ! faudra voir !...

EXUPÈRE.

Dort-elle aussi, ton estimable bourgeoise ?

ARTHÉMISE.

Non, elle est sortie avec monsieur... Ils sont en soirée.

EXUPÈRE.

Oh ! fameux !... à nous la maison !... Dis donc, est-ce que tu n'as rien à mettre sous la dent... je voudrais tortiller quelques vivres.

ARTHÉMISE.

Oh ! je te reconnais bien là... tu ne penses qu'à manger.

EXUPÈRE.

C'est pas vrai !... je pense aussi à boire.

ARTHÉMISE.

Justement il ne reste rien du dîner... j'ai bien encore des pruneaux...

EXUPÈRE.

Des pruneaux !... j'ai des préventions contre cette nourriture.

ARTHÉMISE.

Et puis une bouteille de vin, là, dans l'armoire.

EXUPÈRE.

Le breuvage est admis... mais le liquide sans le solide laisse toujours du vide.

ARTHÉMISE, à part.

Oh ! la bonne occasion pour sortir !... (Haut.) Tu as donc bien faim ?

EXUPÈRE.

Je suis creux comme un tuyau d'orgue.

ARTHÉMISE.

Eh bien ! je vais te chercher quelque chose... de la charcuterie.

EXUPÈRE.

O ma payse !... tu es ma sauveuse !... tâche d'avoir de la dinde farcie.

ARTHÉMISE.

Oui !

EXUPÈRE.

Avec un cervelas !

ARTHÉMISE.

Oui !

EXUPÈRE.

Et des côtelettes de porc frais !... n'en prends qu'une demi-douzaine... c'est assez.

ARTHÉMISE.

Par exemple, je te préviens que c'est un peu loin.

EXUPÈRE.

C'est loin !... alors prends-en davantage !

ARTHÉMISE, à part.

Oui, compte là-dessus !

EXUPÈRE.

Je vas m'en donner jusqu'à la troisième capucine.

AIR : Anglais d'automne.

Ah ! quel joli festin,
Ce soir, ici je m'en vais faire,
Auprès de toi, ma chère,
Avec de la dinde et du vin !
Je mène de concert
Et l'amour et la subsistance,
Pour finir la bombance,
Je veux plaisanter au dessert,

Oui ! je t'en avertis,
La faim doublement m' tyrannise,
Auprès de ma payse
Je sens toujours deux appétits.

ENSEMBLE.

ARTHÉMISE.

Moi, je t'en avertis,
Faut pas qu' la faim te tyrannise,
Un peu moins d' gourmandise
Si tu veux qu' nous soyons amis.

DEUXIÈME COUPLET.

ARTHÉMISE, à part.

Ah ! c'est original !
Depuis long-temps j'avais l'envie
De voir la comédie
Et d'attraper mon caporal.
Puisqu'il est si glouton,
Je veux punir sa gourmandise,
Et ce soir sa payse
Lui réserve un plat d' sa façon !
Attends-moi, mon garçon,
Et pour mieux prendre patience,
Tu peux serrer d'avance
La boucle de ton pantalon.

(Pendant ce couplet Exupère se débarrasse de son schako et de son sabre.

REPRISE DU PREMIER ENSEMBLE.

ARTHÉMISE.

Mais toi, pendant que j'irai dehors, fais attention aux enfans.

EXUPÈRE.

J'aurai pour eux des égards tendres.

ARTHÉMISE.

L'aîné est couché dans ce cabinet... et si le petit se réveille, tu lui mettras dans la bouche ce biberon ! (Elle le lui montre sur la cheminée.) Ça n'est pas difficile.

EXUPÈRE.

Oh ! ah ! oh ! tu veux que j'allaite ce jeune citoyen?... tu me transformes en père nourricier... c'est un état ; mais je le réserve pour mes vieux jours !

ARTHÉMISE.

Mon Dieu ! pour un instant, te v'là bien malade !

EXUPÈRE.

Allons, soit ! je l'abuserai avec cette mécanique.. pourvu qu'il n'exige pas autre chose.

ARTHÉMISE, s'oubliant.

Quel plaisir !... je vais donc voir Arnal !

EXUPÈRE.

Hein !... qu'as-tu proféré? tu vas voir Arnal... quel est cet individu?

ARTHÉMISE.

Je n'ai pas dit ça !

EXUPÈRE.

Tu as dit : Je vais donc voir Arnal... et j'insiste pour savoir quelle espèce de pékin c'est.

ARTHÉMISE.

Arnal ?... Pardine ! Arnal, c'est le charcutier chez quoi je vais acheter les côtelettes !

EXUPÈRE.

Le charcutier !... j'aime à le croire ! Mais pourquoi t'écrier avec une expression ravissante : Je vais donc voir Arnal !... Arthémise ! ce fabricant de saucisses plates vous est cher !

ARTHÉMISE.

Veux-tu te taire, imbécile !... Je vais me dépêcher.

REPRISE DE L'ENSEMBLE.

ARTHÉMISE.

Ah ! quel joli festin,
Ce soir, ici, nous allons faire !
Nous ferons bonne chère
Avec de la dinde et du vin

EXUPÈRE.

Ah ! quel joli festin ! etc.

(Arthémise sort.)

SCÈNE VIII.

EXUPÈRE, seul.

V'là tout ce qu'elle me dit... Veux-tu te taire, imbécile !... Je crains de l'être... Elle aimerait un charcutier !... Oh ! non !... je calomnie son odorat !... Arthémise, pardonne à ton caporal !... Essayons plutôt de charmer mon loisir... Tout-à-l'heure elle m'a signalé une bouteille dans cette armoire... je vais l'inviter à danser... (Chantant.)

Quand on attend sa belle...

(Il va prendre la chandelle qui est sur la table de nuit.) Tiens ! il y a un voleur à la chandelle !... Autrefois, je l'aurais mouchée avec mes doigts... mais depuis que je suis caporal, je prends des mouchettes... (Il va à la cheminée.) Les voici ! (Il les prend et aperçoit le billet.) Tiens ! un papier caché sous ce meuble !... Oh ! quelle odeur !... ça infecte agréablement !... Si c'était pour Arthémise ! Point d'adresse !... C'est un poulet doux !... Je brise le sceau... (Il lit.) « Vous que j'aime plus que la vie... » (Parlé.) Je connais une chanson qui commence comme ça... (Il lit.) « Vous que j'aime plus que la » vie, ô trop cruelle Éléonore !... » (Parlé.) Éléonore !... Elle s'appelle Arthémise... et il écrit Éléonore !... Il ne sait pas même sa langue ! (Il lit.) « Je suis exaspéré par vos rigueurs, et je com- » mence à prendre beaucoup votre mari en gri- » pe... » (Parlé.) Son mari !... elle est mariée !... que je suis bête !... ce n'est pas pour elle, c'est pour sa bourgeoise... Ah ! ce pauvre M. Poupelard !... Ah ! tant mieux !... Poursuivons... (Lisant.) « Il faut que vous me receviez ce soir, en l'absence » de votre mari... Je serai chez vous sur les neuf

» heures et demie... Éléonore, je ne demande » qu'une boucle de tes cheveux, ne me la refuse » pas, ou je commettrai des imprudences!... » (Parlé.) Il lui demande de ses cheveux... c'est un coiffeur!... (Il lit.) « J'ai trouvé un moyen d'éloi- » gner Arthémise. » (Parlé.) Ah! voyons le moyen. (Il lit.) « Je sais qu'elle aime beaucoup Arnal, elle » en parle sans cesse... » (Parlé.) Oh! la monstre! (Il lit.) « Et ce soir je lui ai procuré les moyens » d'aller le voir. » (Parlé.) Ah! c'est toi qui lui as procuré... Eh bien! il fait un joli métier, ce monsieur!... Voyons son infâme signature!... (Il lit.) « Votre passionné Jonquille, inventeur de la pâte » d'amandes au lait d'ânesse. » (Parlé.) C'est le parfumeur du coin!... Un parfumeur mêlé avec un charcutier!... quelle cuisine!... Et Arthémise qui me trahit pour un élève de saint Antoine... un homme qui fréquente les animaux dont elle me joue un pied!... C'est un jambon qui me tombe sur la tête!... Et pendant qu'ils sont ensemble, je resterais de planton auprès de ses mioches... Oh! non, ma bonne amie... pas si jobard!... Je déserte!... J'opère une descente chez tous les apprentis Véro-Dodat... et gare au tien si je le rencontre... Je le saigne, je le fais fumer... je le réduis en saucissons!... (Il va à la porte et tente de l'ouvrir.) Allons, bien!... elle a fermé la porte! Je suis en cage comme un tigre du Jardin des Plantes!... Oh! il faut que je casse n'importe quoi! (Il prend une chaise et frappe violemment sur le plancher. — L'enfant du berceau s'éveille et pleure. — Cri.) A l'autre à présent!... Le marmot qui s'éveille!... (Il s'approche du berceau.) Veux-tu te taire, méchant gamin!... vas-tu finir ta cavatine, ou je te fourre au violon!... (L'enfant crie plus fort.) Il crie plus fort!... Soyons conciliant. (Il le berce.) Dodo... l'enfant do... Voilà une soirée récréative!... Dodo... Je dois ressembler à la gravure de l'Ange gardien... Dodo... sauf les ailes!... (L'enfant crie.) Il crie toujours!... Ah! il a peut-être soif; donnons-lui la goutte! (Il va chercher le biberon.) Ah! bon, il n'y a rien dedans... c'est adroit!... Mais s'il ne boit pas, il va beugler toute la nuit!... Ah! j'ai ce qu'il lui faut, j'ai son affaire... (Il va prendre la bouteille dans l'armoire.) Je vais lui mettre du vin à la place... ça ne peut pas lui faire de mal... c'est tonique... (L'enfant crie.) Un instant donc!... Est-il pressé!... Voyons d'abord s'il est bon!... (Il le goûte au biberon, s'impatiente, et boit à même la bouteille.) Voilà le véritable biberon d'Arbois! Ah! il est fort! il est très fort!... A-t-il de la chance, ce gamin-là! (Il verse du vin dans le biberon.) C'est tout de même bien inventé les biberons... Certainement j'aime mieux la nature... mais ceci fournit un laitage plus varié. (L'enfant crie.) Voilà, voilà! (Il s'approche du berceau, et met le biberon dans la bouche de l'enfant.) Bois, mon garçon, donne-toi une bosse... Oh! quels yeux il fait!... Hein! petite canaille, en voilà du lolo!... Il rit! il a le vin gai! Allons; attends, nous allons trinquer ensemble... (Il se verse un verre de vin.)

AIR : A ta santé (MATHIAS).

Enfant gâté
D' la gaîté,
Buvons à not' santé!
Chassons la tristesse,
Et dans ta vieillesse
Tu pourras t' vanter
Qu'un brave t'a fait siroter.
(Il boit.)
Bois toujours, le bon vin restaure...
Quand on est jeune il faut bien bambocher,
Puisque tu n' marches pas encore,
Ça n' pourra pas t'empêcher de marcher.
Enfant gâté, etc.
(Il trinque.)

L'ENFANT, dans le cabinet, appelant d'un ton pleurard.

Ma bonne!... ma bonne! hi! hi!...

EXUPÈRE.

Qu'est-ce que c'est que ça?

L'ENFANT.

Ma bonne Mimise... mais viens donc!

EXUPÈRE.

Ah! c'est l'autre... c'est le grand!... sacrebleu, celui-là va voir que je ne suis pas sa bonne, et il braira comme un âne!

L'ENFANT.

Mimise... ma bonne Mimise!...

EXUPÈRE, faisant la voix de femme.

J'y vas, mon petit, j'y vas! Déguisons mon sexe, sous les insignes d'Arthémise. (Il met, dans l'obscurité, un tablier blanc et un bonnet.) Je me dégrade, je transige avec ma dignité d'homme... Oh! si je tenais le charcutier!...

L'ENFANT.

Ma bonne, j'ai bobo! j'ai bobo!...

EXUPÈRE.

Il a bobo!... quelle espèce de bobo peut-il avoir? Offrons-lui du tonique comme à l'autre... ça l'apaisera peut être.

(Il prend la bouteille et le verre.)

L'ENFANT.

J'ai bobo!... hi! hi! hi!...

EXUPÈRE, entrant dans le cabinet.

Qu'est-ce que c'est, mon petit louloup? (Il reste un instant et revient.) Ce n'est pas ça, il ne veut pas boire, au contraire!...

(Il pose la bouteille et le verre, et cherche dans la table de nuit et sous le lit.)

L'ENFANT, pleurant.

Hi! hi! hi!

EXUPÈRE.

Gredin d'enfant!... on y va!... (Après avoir cherché partout et sous le lit.) Décidément, il n'y en a pas. (Il rentre dans son cabinet et en sort un moment après.) Grand Dieu !... quelle fonction pour un guerrier ! Si on me voyait !.. que diraient les puissances étrangères !... (Les deux enfans se mettent à crier.) Ah ! très bien ! tous les deux à présent !... Te tairas-tu, petit pochard !... Comment je leur donne du vin à quinze... je les comble des soins les plus... Je vais leur flanquer le fouet...

Mme POUPELARD, au dehors.

Mon ami, éclairez-moi donc !

EXUPÈRE, s'approchant de la porte.

J'entends monter !

POUPELARD, en dehors.

Minute, mon adorée... j'allume mon rat.

EXUPÈRE.

Le bourgeois et sa femme... c'est le bouquet ! (On entend mettre une clé dans la serrure.) Les voici, éclipsons-nous !

(Il se cache dans l'alcôve dont il tire les rideaux.)

SCÈNE IX.

EXUPÈRE, dans l'alcôve, M. POUPELARD, Mme POUPELARD.

Mme POUPELARD, pendant que son mari ferme la porte.

Quelle contretemps !... Une soirée où je me promettais tant de plaisir !

POUPELARD, descendant la scène.

Je suis fort taquiné !... ce chef de bureau qui s'avise d'avoir la goutte... juste au moment...

Mme POUPELARD.

Du reste, il n'y a pas grand mal ! et pourvu que vous ne me quittiez pas...

POUPELARD.

Permets, bobonne ! tu sais que je vais tous les soirs au café, faire ma partie de dominos... j'irai tout à l'heure... pendant que tu reposeras mollement... Mais je ne vois pas Arthémise.

Mme POUPELARD.

En effet, serait-elle déjà couchée ?

POUPELARD.

Je vais regarder.

(Il s'approche du lit.)

Mme POUPELARD.

Non, monsieur, c'est inutile... je vous le défends !

POUPELARD, à part.

Elle est jalouse comme une Africaine !

Mme POUPELARD, appelant.

Arthémise ! Arthémise !

EXUPÈRE, contrefaisant sa voix.

Me voilà, madame.

Mme POUPELARD.

Comment, vous êtes couchée ?

EXUPÈRE.

Oui, madame... j'ai attrapé le frisson... avec un gros rhume !

POUPELARD.

Au fait !... elle paraît très enrhumée... son organe l'atteste !

Mme POUPELARD.

Les enfans ont-ils été sages ?

EXUPÈRE.

Oh ! oui, madame !

Mme POUPELARD.

Voyons, mon petit Guguste. (Elle s'approche du berceau.) Ah ! qu'il est beau !... voyez donc, monsieur... il n'a jamais eu de si belles couleurs.

POUPELARD.

C'est vrai... il est superbe ! il est cramoisi ! Mon adorée, est-ce que tu ne vas pas te reposer mollement ?

Mme POUPELARD.

Si fait, mon ami, dans l'instant !.. mais puisque Arthémise est indisposée... fais-moi le plaisir d'allumer dans ma chambre... n'est-ce pas, mon chéri ?

POUPELARD.

Je t'obéis, ma poule... je t'obéis... (A part.) Ça la fera partir plus vite !

(Il entre dans la chambre à droite.)

SCÈNE X.

Mme POUPELARD, EXUPÈRE.

Mme POUPELARD, s'approchant.

Arthémise, Arthémise...

EXUPÈRE.

Ne me regardez pas, madame, je me lève !...

Mme POUPELARD.

N'est-il venu personne ?

EXUPÈRE.

Non, madame... ah ! si, M. Jonquille.

Mme POUPELARD.

M. Jonquille !... il a osé ?... voilà ce que je craignais !... et il est parti ?

EXUPÈRE.

Oui, madame... mais il va revenir.

Mme POUPELARD.

Revenir !... cet homme est d'une témérité !... mais pourquoi ? que veut-il ? que demande-t-il ?

EXUPÈRE.

Rien, madame, qu'une boucle de vos cheveux.

Mme POUPELARD.

Une boucle ! Jamais ! Ah ! ma chère Arthémise, qu'on est malheureuse d'être belle !

EXUPÈRE.

Il n'y a pas de quoi vous désoler, madame.

Mme POUPELARD.

Dis-lui que je lui défends de se présenter chez moi... Si tu me débarrasses de ce furieux, je consens à ton mariage avec Exupère.

EXUPÈRE.

Ah ! madame, que vous êtes bonne !

SCÈNE XI.

LES MÊMES, M. POUPELARD.

POUPELARD.

Béhelle... ta chambre est illuminée... c'est un très joli coup d'œil... va voir... va voir!

Mme POUPELARD.

Est-ce que tu ne viens pas, Eugène?

POUPELARD, mettant son chapeau.

Non... tu sais bien... le café... les dominos...

AIR de Lucia.

Oui, je vais faire ma partie!

Mme POUPELARD.

Bonsoir, monsieur... c'est différent!

POUPELARD, à part.

(Haut.)

Elle est vexée! Adieu, chérie,
Va te reposer mollement!
Dieu des amours, dieu de Cythère,
Ici, j'implore tes faveurs:
Daigne lui fermer la paupière,
Et viens me couronner de fleurs!

ENSEMBLE.

Oui, je vais faire ma partie!
Les dominos! ah! c'est charmant!
(A part.) (Haut.)
Elle est vexée! Adieu, chérie,
Va te reposer mollement.

Mme POUPELARD, à part.

Il me quitte pour sa partie.
Ah! Dieu! qu'il est indifférent!
Faut-il ainsi passer ma vie,
Et subir un pareil tourment!

(Mme Poupelard rentre dans sa chambre. Poupelard va jusqu'à la porte du fond qu'il ouvre et qu'il referme un peu fort pour faire croire à sa femme qu'il est sorti.)

EXUPÈRE, passant sa tête à travers les rideaux.

Ils ont disparu!... (Voyant rentrer Poupelard.) Non, encore le vieux!.. Qu'est-ce qu'il veut donc? (Il se cache.)

SCÈNE XII.

EXUPÈRE, POUPELARD.

POUPELARD, s'approchant du lit.

Arthémise! Arthémise!

EXUPÈRE.

C'est encore vous?

POUPELARD.

Oui, poulette!... ma femme me croit évadé... je suis sûr qu'elle est déjà couchée! Arthémise, je voudrais avoir avec toi un moment d'entretien.

EXUPÈRE.

Sur quel chapitre?

POUPELARD.

Fais-donc l'ignorante! fais-donc l'ignorante!...

EXUPÈRE.

Comment, et lui aussi!

POUPELARD.

Et lui aussi!.. Pourquoi dis-tu : Et lui aussi?

EXUPÈRE.

Monsieur, vous n'êtes qu'un gros cantalou.

POUPELARD.

Oui, je suis un gros cantalou... c'est ça... dis-moi des sottises... je te permets de m'en dire...

EXUPÈRE.

Monsieur, n'approchez pas, où j'appelle madame.

POUPELARD.

Méchante!... tu n'étois pas si farouche ce matin.

EXUPÈRE.

Ah bah!

POUPELARD.

Il n'y a pas de ah-bah!... Mais je sais ce que tu convoites, astucieuse!... c'est ma bague... c'est mon précieux camée.

EXUPÈRE.

Votre camée... voyons?

POUPELARD.

Qu'est-ce que tu me donneras en échange?

EXUPÈRE.

Voulez-vous baiser ma main?

POUPELARD.

Ta petite menotte?... donne toujours... donne toujours.

EXUPÈRE, lui tendant la main à travers les rideaux.

Tenez, méchant!

POUPELARD, lui baisant la main.

Elle sent le tabac de caporal... aurait-elle la funeste habitude de priser?

EXUPÈRE.

Et votre bague, monsieur, et votre bague?

POUPELARD, lui donnant sa bague.

Tiens, la voilà... n'abuse pas de ma confiance.

EXUPÈRE.

Merci, monsieur.

POUPELARD.

Maintenant, tu me dois du retour! il me faut du retour!

EXUPÈRE.

Oui, venez le recevoir, vieux bijoutier...

POUPELARD, s'efforçant d'entrer.

Ne m'irrite pas, tu me connais?... je pourrais me porter à des choses fâcheuses!

(Il lui donne des coups à travers les rideaux.)

SCÈNE XIII.

LES MÊMES, ARTHÉMISE.

ARTHÉMISE, accourant par le fond.

Ah! Dieu! j'ai ti ri! j'ai ti ri!

POUPELARD, l'apercevant.

Arthémise!...

(Il reste saisi et s'éloigne.)

ARTHÉMISE, à part.

Oh! monsieur qui est rentré!

POUPELARD.

Comment, c'est toi? tu n'étais donc pas?...

ARTHÉMISE.

Où ça, monsieur?

POUPELARD.

Là!

ARTHÉMISE.

Moi?...

POUPELARD.

Mais alors, qui donc?

ARTHÉMISE.

Personne!... vous aurez cru...

POUPELARD.

Chut!.. tais-toi... passe-moi ma canne...

ARTHÉMISE, allant chercher la canne.

POUPELARD, indiquant le lit.

Silence!... il y a là un voleur!

ARTHÉMISE, se reculant.

Un voleur!

POUPELARD, tremblant.

N'aie donc pas peur comme ça... nous sommes deux... et j'ai ma canne.

(Il brandit sa canne.)

ARTHÉMISE.

Mais vous êtes sûr?...

POUPELARD.

Très sûr!... il m'a pris ma bague!

ARTHÉMISE, à part.

C'est Exupère!... il faut toujours qu'il prenne quelque chose!

POUPELARD.

Viens... allons chercher mon voisin du troisième ici dessus... c'est un ancien militaire et son fils est de la conscription.

ARTHÉMISE.

Allez, monsieur... moi, je tiendrai le voleur en respect!

POUPELARD.

Malheureuse!... il doit être armé... il t'assassinerait!... viens, tu fermeras la porte à double tour!

ARTHÉMISE.

Oui, monsieur!... oui!... passez devant...

POUPELARD, allant en tremblant à la porte du fond.

Ne crains rien... j'ai ma canne!

ARTHÉMISE, en passant devant l'alcôve, dit à Exupère.

Sauve-toi!... je ne ferme pas.

POUPELARD.

Hein!... tu dis?

ARTHÉMISE.

Je dis que je suis vos pas.

SCÈNE XIV.

EXUPÈRE, puis JONQUILLE.

EXUPÈRE, ouvrant les rideaux.

Plus personne!... (Il sort de l'alcôve.) N'attendons pas qu'ils reviennent!... O Arthémise!... tu ne me verras plus!... je te laisse ma malédiction et j'emporte la bague du vieux... voilà ce que je te laisse!...

(Il va pour sortir et se jette dans Jonquille qui entre au même instant.)

JONQUILLE.

Oh!

EXUPÈRE.

Aye!...

JONQUILLE.

Un troupier!

EXUPÈRE.

C'est le parfumeur! (A part.) Oh! une idée!... (Haut.) Parfumeur, je connais votre plan... Arthémise m'a tout dit.

JONQUILLE.

Arthémise!... Elle n'est donc pas au spectacle?

EXUPÈRE.

Au spectacle!

JONQUILLE.

Je lui avais donné un billet pour voir jouer Arnal!

EXUPÈRE.

Le charcutier?

JONQUILLE.

Arnal l'acteur!

EXUPÈRE.

L'acteur! embrassez-moi!

JONQUILLE, lui tendant les bras.

Volontiers!

EXUPÈRE.

Non! je n'ai pas le temps!... Vous venez pour madame Poupelard?

JONQUILLE.

Quoi! vous savez?

EXUPÈRE.

Son mari est rentré!

JONQUILLE.

Je m'éloigne en soupirant!

EXUPÈRE.

Restez!... elle va venir...

JONQUILLE.

Pas possible!... elle m'attend?... en êtes-vous sûr?

EXUPÈRE.

La preuve c'est que voici la boucle demandée.

(Il lui donne les cheveux qu'il a dans sa poche.

JONQUILLE.

De ses cheveux ! plus de doute ! ô bonheur !

(Il les baise.)

EXUPÈRE, à part.

Je savais bien que je finirais par les placer !

JONQUILLE.

Elle va venir !

EXUPÈRE.

Elle vous prie seulement de vous dissimuler derrière ces rideaux.

JONQUILLE.

Ah ! bah !

EXUPÈRE.

Si son mari vient, il croira qu'elle cause avec la bonne !

JONQUILLE.

Je conçois !... O femmes !... que vous êtes ingénieuses dans vos...

EXUPÈRE, l'interrompant.

Assez !... cachez-vous !...

JONQUILLE.

AIR : Poule de la Figurante.

Trop heureux séducteur,
Je sens battre mon cœur !

EXUPÈRE.

Auprès d'elle et sans bruit,
Profitez de la nuit !

(A part.)

Qu'il se tire d'affaire
Ça ne me regarde pas !

JONQUILLE.

Ah ! que ce doux mystère
Pour mon cœur a d'appas !

ENSEMBLE.

Trop heureux séducteur, etc.

(Exupère sort.)

SCÈNE XV.

JONQUILLE, Mme POUPELARD.

JONQUILLE.

J'entends marcher... dérobons-nous !... Si on allait me découvrir... je serais dans de beaux draps ! (Il entre dans l'alcôve.)

Mme POUPELARD, sortant de sa chambre.

Impossible de sommeiller !... on fait du bruit dans cette chambre !... M. Poupelard serait-il rentré furtivement ?...

JONQUILLE, passant la tête à travers les rideaux.

C'est elle !... Éléonore !...

Mme POUPELARD.

Monsieur Jonquille !... vous ici !...

JONQUILLE, avec explosion.

Femme idolâtrée... j'ai vu le caporal... et j'exécute ton amoureuse supercherie !...

Mme POUPELARD.

Sortez, monsieur, ou je jette des cris affreux !

JONQUILLE.

Merci, ô merci de tes cheveux !

Mme POUPELARD.

Que signifie ?

JONQUILLE.

Je les garderai toujours !... ils sont là sur mon cœur, entre cuir et flanelle.

Mme POUPELARD.

Sortez ! sortez ! je le veux !

JONQUILLE.

Jamais !

Mme POUPELARD, écoutant.

Ciel !... la voix de mon époux.

JONQUILLE.

Ton tyran !... (Il ferme les rideaux.)

Mme POUPELARD.

Ah ! je suis prête à m'évanouir !

SCÈNE XVI.

LES MÊMES, POUPELARD, ARTHÉMISE, deux ou trois VOISINS.

(Ils sont tous armés. Poupelard a un fusil et croise la baïonnette.)

CHOEUR.

AIR : Final de Zanetta.

Allons, montrons du courage
Et saisissons le voleur ;
N'avons-nous pas l'avantage
Du nombre et de la valeur !

ARTHÉMISE, courant à Mme Poupelard.

V'là madame !

POUPELARD.

Ma femme ! quelle imprudence !... il ne t'a rien dérobé ?

Mme POUPELARD.

Qui donc, monsieur ?...

POUPELARD.

Le brigand !... qui est là !

Mme POUPELARD.

Oh ! monsieur... puisque vous êtes instruit... croyez bien que le hasard seul... et que malgré les apparences...

POUPELARD.

Poupoule, la frayeur te fait divaguer... Rassure-toi, nous sommes en force... D'ailleurs la gouvernante de monsieur est allée quérir la garde.

ARTHÉMISE, bas à Mme Poupelard.

Madame, c'est Exupère !...

Mme POUPELARD.

C'est monsieur Jonquille !

ARTHÉMISE.

Je l'ai laissé ici !

Mme POUPELARD.

Moi ! je l'ai vu !

POUPELARD.

Messieurs, pénétrons dans cette alcôve !... qu'est-ce qui pénètre ? Personne !... je me dévoue !... (S'approchant du lit en croisant la baïonnette.) Qui vive !... On ne répond pas... Rends-toi, misérable, ou je fais feu dans les rideaux !

Mme POUPELARD.

Ah ! monsieur, ne tirez pas !

POUPELARD.

Point de pitié !...

(On entend en dehors le bruit des crosses de fusils.)

ARTHÉMISE.

Ah ! voici la garde !

SCÈNE XVII.

LES MÊMES, EXUPÈRE.

EXUPÈRE, entrant, à ses hommes qui sont en dehors.

Camarades, laissez-moi faire, je connais la maison.

ARTHÉMISE, à part.

Exupère !

EXUPÈRE, à Poupelard.

C'est donc vous, gros tapageur, qui causez ce trouble nocturne ?... (Le prenant au collet.) Marchez au violon !

POUPELARD.

Caporal, vous faites erreur.

EXUPÈRE.

Marchez !

POUPELARD.

Je suis chef de maison.

EXUPÈRE.

C'est donc monsieur ?... (Il prend le voisin au collet.)

POUPELARD.

Militaire, il est là... je crains qu'ils ne soient plusieurs.

EXUPÈRE.

Je vais les dénicher... (Il va pour ouvrir les rideaux.)

JONQUILLE, sortant.

Arrêtez... je me rends !

TOUS.

Monsieur Jonquille !...

Mme POUPELARD.

Soutiens-moi, Arthémise !

JONQUILLE, embarrassé.

Oui, messieurs, oui !... c'est moi !... Tiens !... le caporal !

POUPELARD.

Monsieur Jonquille !...

JONQUILLE.

Oui, voisin !... Ça va bien ?...

POUPELARD.

Merci, et vous ?...

JONQUILLE.

Comme vous voyez.

POUPELARD, à part.

Diable !... diable !... ceci devient une affaire d'intérieur !... (Haut.) Mes chers voisins, ce n'est pas un voleur. Pardon !.. pardon !... de vous avoir dérangés.

EXUPÈRE, aux soldats.

Camarades, vous pouvez vous retirer... (Prenant l'intonation du commandement.) Par le flanc... que vous voudrez !

(Les voisins et les soldats se retirent.)

POUPELARD.

Maintenant, monsieur Jonquille, je ne crois pas être indiscret en vous posant cette question : que faisiez-vous chez moi, à cette heure, dans une alcôve indue ?

JONQUILLE.

Dam !... mon cher voisin... il est tard !... on est fatigué !... on trouve un gîte.

EXUPÈRE, bas à Jonquille.

Dites que vous veniez pour Arthémise !

JONQUILLE, à part.

Oh ! ravissant !

POUPELARD.

Jusqu'ici votre réponse est faible !

JONQUILLE.

Hélas !... qu'exigez-vous ?... faut-il donc vous révéler un fol amour... Mais au fait, pourquoi rougirais-je de l'aimer !

Mme POUPELARD, à part.

Que va-t-il dire ?

JONQUILLE.

Est-ce une raison parce qu'elle est bonne ?...

POUPELARD.

Bonne !... ce n'est pas ma femme !

JONQUILLE.

Oui, Arthémise, je suis fier de t'adorer !

POUPELARD.

Arthémise !

ARTHÉMISE.

Moi ! vous m'adorez !... ah ! par exemple, c'est pas vrai.

EXUPÈRE, bas à Arthémise.

Tais-toi donc... c'est moi qui l'ai soufflé...

POUPELARD, à part.

C'est ma cuisinière qu'il aime, je m'en doutais ! (Haut.) Vous dérangiez ma cuisinière.

EXUPÈRE.

Du tout, c'est monsieur qui se dérangeait pour elle.

POUPELARD.

Comment, caporal, vous êtes encor là?

EXUPÈRE.

Oui, bourgeois, je suis resté pour vous dire ça; et comme le devoir du militaire est de rétablir la paix dans le civil, j'ai trouvé un moyen de couper l'herbe à cet individu balsamique.

POUPELARD.

Vous avez un moyen de couper l'herbe?

EXUPÈRE.

C'est d'épouser Arthémise qui est ma payse.

POUPELARD.

Après ce que vous venez d'entendre!...

EXUPÈRE.

Ah! bah!

POUPELARD.

Ah! bah!... Je partage cette philosophie.

Mme POUPELARD.

Quant à moi, j'y consens de grand cœur.

POUPELARD.

Mais c'est impossible... songe-donc qu'ils n'ont rien... ils vont mourir de faim! c'est impossible!

EXUPÈRE.

Oh! monsieur, on a des ressources... d'abord, pour nous établir, je vendrai un petit bijou que j'ai là... Monsieur pourrait peut-être me dire combien ça vaut...

(Il lui montre son camée.)

POUPELARD, à part.

Mon camée!... comment se fait-il?... (*Indiquant Jonquille.*) Je croyais que c'était lui... et c'est lui.. c'est fort plaisant... (*Allant à sa femme, à gauche.*) Mon adorée.... puisqu'ils ont quelque chose.... je crois qu'on peut les laisser se matrimonier mollement.

JONQUILLE, bas à Mme Poupelard.

Je les garderai, jusqu'à la mort.

Mme POUPELARD, à part.

Que veut-il dire?

JONQUILLE.

Jusqu'à la mort!

Mme POUPELARD.

Le malheureux!... il est aliéné!

EXUPÈRE, à Jonquille.

Parfumeur, nous vous avons tiré une fameuse épine...

JONQUILLE.

Je vous enverrai cent pots de pommades les plus variées...

EXUPÈRE.

Cent pots! nous en aurons pour le reste de nos cheveux!

CHŒUR.

EXUPÈRE.

AIR du Perruquier de l'Empereur.

En t'épousant, ma chère,
Je t'apporte déjà
Ma tournur' militaire
Et les sardin's que v'là.

ARTHÉMISE.

Ça me va, (*bis*)
Comme cuisinière,
Et je veux à ton goût
Fair' chaque ragoût,
Nous goût'rons (*4 fois*)
Du bourgeois les bouillons.

EXUPÈRE.

Nous boirons,
Nous mang'rons,
Nous chiqu'rons,
Nous danserons!
Quell' noce nous ferons!

ARTHÉMISE.

Faites-nous un' surprise...
Au banquet conjugal
Venez pour la payse,

EXUPÈRE.

Et pour le caporal.

FIN DU CAPORAL ET LA PAYSE.

Imprimerie de BOULÉ ET Cie, rue Coq-Héron, n. 3.

LIVRES A TRÈS BON MARCHÉ

Chez Ch. TRESSE,

ACQUÉREUR DES FONDS DE J.-N. BARBA ET V. BEZOU,

Palais-Royal, derrière le Théâtre-Français.

Les personnes qui prendront pour 50 fr. et au dessus, recevront leurs commandes franches de port et d'emballage dans toute la France. — Les envois sont suivis en remboursement.

Œuvres d'Elzéar Blaze.

CHASSEUR (le) CONTEUR, ou *les chroniques de la chasse*, contenant des histoires, des contes, des anecdotes, et par-ci, par-là, quelques hableries sur la chasse, depuis Charlemagne jusqu'à nos jours, 1 vol. in-8. 7 fr. 50 c.

CHASSEUR (le) au chien d'arrêt, contenant les habitudes, les ruses du gibier, l'art de le chercher et de le tirer, le choix des armes, l'éducation des chiens, leurs maladies, etc., 2e édition, Paris, 1837. 7 fr. 50 c.

La première édition de ce livre instructif et amusant a été épuisée en six mois.

CHASSEUR (le) au chien courant, contenant les habitudes, les ruses des bêtes, l'art de les guetter, de les juger, de les détourner, de les attaquer, de les tirer ou de les prendre de force; l'Education du limier, des chiens courans, leurs maladies, etc., 2 vol. in-8. 15 fr.

CHASSEUR (le) aux filets, ou la Chasse des dames, contenant les habitudes, les ruses des petits oiseaux, leurs noms vulgaires et scientifiques; l'art de les prendre, de les nourrir et de les faire chanter en toute saison; la manière de les engraisser, de les tuer et de les manger; 1 vol. in-8. 7 fr. 50 c.

ALMANACH (l') des Chasseurs, contenant les opérations cynégétiques de chaque mois de l'année, des pronostications faites suivant les calculs du savant Mathieu Lænsberg, des anecdotes sur la chasse, la vie miraculeuse de saint Hubert, patron des chasseurs, 1 vol. in-18, 1839. 1 fr.

VIE (la) militaire sous l'Empire, ou Mœurs de la garnison, du bivouac et de la caserne, 2 vol. in-8. 15 fr.

ÉPITRE EN VERS, à Bouffé, artiste du théâtre du Gymnase, par Arnal, acteur du théâtre du Vaudeville. 1 vol. in-8. imprimé sur papier *vélin*, 3 fr.

TRAITÉ de vénerie et de chasse, par Goury de Champgrand. Paris, 1769, 1 vol. in-4, fig. 6 fr.

ABRÉGÉ des antiquités nationales, ou Recueil de monumens pour servir à l'histoire de France, par Millin, 4 vol. in-4, 250 planches, 1837. 30 fr.

CHEFS-D'OEUVRE de Châteaubriand : Génie du Christianisme, 3 vol. in-8; les Martyrs, 2 vol., — René et Atala, 1 vol. in-8; grand-raisin vélin, grand papier, 3 fr. le vol. au lieu de 15 fr.

Chaque ouvrage se vend séparément.

COLLECTION de 104 portraits des hommes illustres des 17e et 18e siècles, dessinés et gravés par Edeling, etc., et une notice sur chacun d'eux, par Perrault. 2 vol. in-folio, cartonné en un vol., par Bradel, 12 fr., broché, 10 fr.

COLLECTION de Mémoires sur la Révolution de 89; par Necker. 4 vol. De Bouille, 2 vol. Précis et Tableau par Rabault de St-étienne et Norvins. 2 vol. Prise de la Bastille par Dussaulx. 1 vol. Tiers-Etat, par Boissy d'Anglas, 1 vol. Louvet, auteur de Faublas, 2 vol. En tout, 12 vol. in-18. 15 fr.

COURS complet d'instruction à l'usage de la jeunesse, par Galland, 6 très forts vol. in-12, ornés de 69 pl. 5 fr

DESCRIPTION des pierres gravées du cabinet du duc d'Orléans, au nombre de 173 planches et un portrait, 2 vol. pet. in-fol. Au lieu de 120 fr., net, 12 fr.; cartonné à la Bradel. 15 fr.

Cette description, dont le premier volume a été fait par l'abbé Armand, le deuxième par Lachaud et Leblond, explique, reproduit la plus belle collection connue en ce genre d'antiquités. Trois hommes d'esprit se sont associés pour nous faire connaître les trésors que renfermait un des plus curieux cabinets de l'Europe : leur livre offre la lecture la plus piquante et la plus instructive. Jusqu'ici le prix élevé de cet ouvrage ne lui avait laissé accès que dans quelques rares bibliothèques; aujourd'hui le prix auquel il est coté les lui ouvre toutes.

DICTIONNAIRE étymologique de la langue française, par Ménage, 3 vol. in-folio. Ancien prix, 72 fr.; 24 fr. broché, et demi-reliure en 2 vol. 30 fr.

DICTIONNAIRE de l'Académie française, revu et corrigé par elle-même. 2 vol. in-4. 5e édit., 1835, et supplément. 10 fr.

DICTIONNAIRE des Beaux-Arts, par Millin, de l'Institut, conservateur des médailles des bibliothèques et professeur d'antiquités, etc., 6 vol. in-8, au lieu de 42 fr. 12 fr.

DICTIONNAIRE philosophique de Voltaire, 8 très forts vol. in-12, beau papier. 8 fr.

— *Idem*, 9 vol. in-18, gr. raisin vélin. Doyen, 1820. 8 fr.

Chaque volume de cette édition a coûté 2 fr. de fabrication.

ÉPHÉMÉRIDES universelles, ou Tableau politique, littéraire, scientifique ou anecdotique, représentant pour chaque jour de l'année un extrait des annales de toutes les nations et de tous les siècles, par MM. V. Arnault, Bory de Saint-Vincent, Dulaure, Guizot, Norvins et autres écrivains célèbres. 13 forts vol. in-8, qui contiennent la matière de 30 vol. in-8. 30 fr.

Le tome XIII et dernier contient la table par ordre chronologique et alphabétique.

Les derniers volumes 3 à 13 se vendent séparément 3 fr.

HISTOIRE politique et militaire du prince Eugène, vice-roi d'Italie, pour faire suite à l'Histoire de Napoléon par Norvins. 2 beaux vol. in-8, cartes et fig. Au lieu de 15 fr. 6 fr.

HISTOIRE de Jeanne d'Arc, par Michaud et Poujoulat, 1 vol. in-8, portr. 2 fr.

HISTOIRE des Proverbes, Adages, Sentences, Apophtegmes dérivés des mœurs, des usages, de l'esprit et de la morale de tous les peuples anciens et modernes, précédée de l'Histoire abrégée de chaque peuple, par Méry, 3 forts vol. in-8. 12 fr.

HISTOIRE des environs de Paris, par Dulaure. 14 vol. in-8 br. en 7 forts vol., ornés de 100 fig. et d'une très belle carte sur une étendue de 44 lieues sur 68. 30 fr.

HISTOIRE philosophique et politique de la Russie depuis les temps les plus reculés jusqu'au règne de Nicolas; par Esnaux et Chennechot. 5 forts vol in-8, impr. sur très beau pap. br. satiné. Ancien prix, 35 fr. 7 fr.

HISTOIRE de Turenne, contenant les mémoires et correspondances écrits par lui, et publiés par Ramsay. 4 forts vol. in-12, et atlas de 13 grandes planches. Au lieu de 24 fr. 3 fr.

Cet ouvrage, qui renferme une foule de mémoires de lettres et de pièces intimes et originales, aurait pû trouver place dans la collection des *Mémoires relatifs à l'histoire de France*. Il est impossible d'allier, plus que ne l'a fait l'auteur, l'intérêt à l'exactitude historique.

ICONES Plantarum Syriæ rariorum, descriptionibus et observationibus illustratæ, auctore La Billardière. 50 pl. Parisiis, 1791 à 1812. 1 vol. in-4 br. Au lieu de 25 fr. 8 fr.

INSTRUMENS (les) aratoires d'agriculture, français et étrangers ou inventés par Boitard, ex-rédacteur principal de la société d'agronomie de Paris, etc. Beau vol. in-8, grand raisin, orné de 105 pl., plus de 1000 sujets bien gravés. 5 fr.

LEÇONS de littérature allemande, par Noël et Stoeber, trad. par De Rome, 2 forts vol. in-8 de 1300 pages petit-romain. 4 fr.

Nous connaissons bien mal et bien peu en France la littérature allemande. Les noms de trois ou quatre auteurs de cette nation sont seulement venus jusqu'à nous, et cependant sa littérature est une des plus riches, des plus variées. L'ouvrage que nous annonçons, et qui renferme des morceaux choisis d'une foule considérable d'écrivains célèbres en Allemagne, est indispensable tout à la fois à qui désire sortir de cette ignorance commune, et à qui recherche une attachante lecture.

LIGUE des nobles et des prêtres contre les peuples et les rois. 2 vol. in-8. 3 fr.

Cet ouvrage curieux, où les faits historiques sont rassemblés avec exactitude et présentés d'une manière piquante, avait été jugé digne des persécutions de la défunte censure, qui en a obstinément défendu l'annonce. La lutte de l'aristocratie contre les intérêts nationaux y répand un puissant intérêt.

LOIS de Platon, par Grou. 2 vol. in-8° grand papier. Portrait. 3 fr. — *Idem*, in-12. 2 fr.

MÉMOIRES sur l'impératrice Joséphine, ses contemporains, la cour de Navarre et la Malmaison; 2e édition, 3 vol. in-8 br. satinés, couv. imp. Au lieu de 22 fr. 7 fr.

Ces mémoires, tout à la fois historiques et intimes, sur un des personnages du Directoire, de l'Empire, dont le nom réveille les plus doux souvenirs, sont du petit nombre de ceux que l'histoire conservera. Cet ouvrage peut être considéré comme faisant le complément des *Mémoires de Mme la duchesse d'Abrantès*, et convient au même genre de lecteurs.

MÉMOIRES de Constant, valet de chambre de Napoléon. 6 vol. in-8. Au lieu de 42 fr. 12 fr.

MÉMORIAL pratique du Chimiste, Manufacturier; trad. de l'anglais de Mackensie sur la troisième édition. 3 vol. in-8, fig. 3 fr.

Ce livre est à la portée de tout le monde.

NOUVELLES leçons de littérature et de morale, pour faire suite à Noël et Laplace, par Berryat Saint-Prix. *Adopté par l'Université*. 2 forts vol. in-8. 9 fr.

NOVÆ Hollandiæ Plantarum specimen, auctore La Billardière. Parisiis, 1804 à 1806. 2 vol. grand in-4, br., ornés de 265 planches. Au lieu de 265 fr. 30 fr.

SERTUM Austro-Caledonicum, auctore La Billardière. 80 pl. Parisiis, 1824 à 1825, 2 parties, gr. in-4, br. 12 fr

OEUVRES complètes de L.-B. PICARD, de l'Institut. 11 vol. in-8, beau portrait, imprimé par Didot sur beau papier. 40 fr.

Le tome 11e du Théâtre républicain se vend séparément.

OEuvres de PIGAULT-LEBRUN, 30 forts vol. in-8, y compris *le Citateur* et le *Voyage dans le midi de la France*, imprimés sur beau papier, par Didot. Beau portrait. Ancien prix, 160 fr. 75 fr.

Chaque volume contient 4 volumes in-12.

OEuvres de WINCKELMANN, contenant l'histoire de l'art chez les anciens. Remarques sur l'Architecture et Recueil sur les Arts 5 vol. in-8, ornés de 27 gravures. 12 fr.

Les trois derniers volumes se vendent séparément.

RECHERCHES sur les costumes, les mœurs, les usages religieux, civils et militaires des anciens peuples, par Maillot et P. Martin, 6 vol. in-4, y compris 3 vol. d'atlas de 288 planches impr. par Didot aîné. 1804. 30 fr.

RECUEIL de monumens antiques, inédits, avec une Dissertation de l'ancienne Gaule, par Grivaud de la Vincelle, 3 v. in-4, dont un atlas de 40 planches, contenant plus de 400 sujets bien gravés, pour faire suite aux ouvrages de la Sauvagère, Milin et autres. Papier vélin. 36 fr

— *Idem*, demi-reliure en un fort vol., dos de maroquin, et l'atlas colorié ou peint avec le plus grand soin, pap. vélin. 50 fr.

THÉORIE des sentimens moraux, ou Essai analytique sur les principes des jugemens que portent naturellement les hommes, par Adam Smith, traduit de l'anglais sur la 7e édition, par Mme Grouchy, marquise de Condorcet; deux forts vol. in-8. Paris, Barrois aîné, 1831; 2e édit., corrigée et augmentée. 3 fr.

Avant la réimpression de ce livre il se vendait 20 fr.

THÉORIE de la coupe des pierres, par Frezier; 4 vol. in-4, dont un de 114 planches. Au lieu de 75 fr. 15 fr.

Il n'est pas besoin de faire ressortir l'utilité d'un ouvrage que l'élévation de son prix empêchait seule de devenir le Manuel des architectes et des ouvriers qui travaillent la pierre.

TRAITÉ de la législation des théâtres, ou Exposé complet et méthodique des lois et de la jurisprudence qui ont rapport aux théâtres, etc., par MM. Vivien et Edmond Blanc; 1 vol. in-8 de 500 pages. Au lieu de 7 fr. 5 fr.

VIES des peintres flamands, allemands, et hollandais, par Decamps, ornés de 168 portraits du célèbre Fiquet, bonne édition. 1753. 5 vol. in-8, y compris le voyage de la Flandre et du Brabant, avec des notes de Rohn et l'itinéraire des coches d'eau, bateaux à vapeur et chemins de fer. 40 fr.

VOYAGE chez les Birmans, dans l'Inde et dans la Chine, ou testament de l'Usurpateur d'Alompra, 3 vol. in-8. 9 fr.

VOYAGE dans le midi de la France, par Millin. 5 très forts vol. in-8, et un bel atlas de 80 planches, imprim. impériale. 25 fr.

— *Le même*, papier vélin. Quelques figures coloriées. 35 fr.

VOYAGES PREMIER ET SECOND dans l'intérieur de l'Afrique par le cap de Bonne-Espérance, par F. Levaillant. 5 vol. in-8 et atlas de 43 planches. Au lieu de 48 fr. 15 fr

On vend séparément le deuxième Voyage. 2 vol. in-8, atlas de 23 planches, y compris la belle et grande carte d'Afrique. 9 fr.

La carte séparément, au lieu de 6 fr. 3 fr.

CABINET SECRET DU MUSÉE ROYAL DE NAPLES. 1 beau vol. in-4, grand raisin vélin, orné de 60 planches coloriées, représentant les peintures, bronzes et statues érotiques qui existent dans ce cabinet. Au lieu de 100 fr. 30 fr.

LE MÊME, fig. noires. 20

Idem, doubles fig. noires et coloriées, cart. à la Bradel, dos en percaline. 45 fr.

Idem, avec les deux collections de gravures sur papier de Chine parfaitement coloriées, demi-rel., dos en veau à nerf. 60 fr.

L'art ancien et l'art au moyen-âge ne se piquaient pas d'une pudeur bien chaste; les plus admirables chefs-d'œuvre sont souvent accompagnés de détails obscènes qui en rendent impossible l'exposition aux yeux de tous. Le cabinet secret du roi de Naples est la seule galerie au monde où l'on se soit proposé de réunir tous les chefs-d'œuvre impudiques. Le livre qui les reproduit est l'indispensable complément de toutes les collections de musées, et doit trouver place dans un coin secret de la bibliothèque de l'artiste comme de celle de l'amateur.

On trouve chez le même libraire toutes les pièces de théâtre anciennes et modernes, tous les livres nouveaux publiés à Paris, et une immense quantité de livres anciens et au rabais dont on distribue le catalogue.

FRANCE DRAMATIQUE. — PIÈCES EN VENTE.

La Seconde Année.
L'Ecole des Vieillards.
L'Ours et le Pacha.
Le Camarade de lit.
Le Mari et l'Amant.
Les Malheurs d'un Amant
Henri III et sa cour.
Un Duel sous Richelieu.
Calas, de Ducange.
Michel et Christine.
Le Mariage de raison.
L'Hom. au masque de fer
La Jeune Femme colère.
L'Incendiaire.
La Vieille.
Le Jeune Mari.
La Demoiselle à marier.
Les Vêpres Siciliennes.
Budget d'un jeune ménag.
L'Auberge des Adrets.
Philippe.
La Dame blanche.
Toujours.
10 ans de la vie d'une fem.
Le Lorgnon.
Bertrand et Raton.
Une Faute.
Le ci-devant jeune hom.
Marie Mignot.
Pourquoi?
Richard d'Arlington.
La Chanoinesse.
Les Comédiens.
L'Héritière.
Léontine.
Le Gardien.
Dominique.
Le Philtre Champenois.
Le Chevreuil.
Le Charlatanisme.
Vert-Vert.
Bruïs et Palaprat.
Le Mariage extravagant.
Le Paysan perverti.
Pinto, en 5 actes.
La Carte à payer.
Le Mari de ma femme.
Les Vieux Péchés.
Luxe et Indigence.
Zoé.
Louis XI.
Ninon chez Mme Sévigné.
Robin des Bois.
Marius à Minturnes.
Marie Stuart.
Les Rivaux d'eux-mêmes
La Famille Glinet.
Les Héritiers.
Jeanne d'Arc.
Les Maris sans femmes.
L'Assemblée de famille.
Mémoires d'un Colonel.
Le Paria.
Les Deux Maris.
Le Médisant.
La Passion secrète.
Rabelais.
Les Deux Gendres.
Estelle.
Trente Ans.
Le Pré-aux-Clercs.
La Poupée.
La Tour de Nesle.
Changement d'uniforme.
Une Présentation.
Mme Gibou et Mme Pochet
Est-ce un Rêve?
Fra Diavolo.
Robert-le-Diable.
Le Duel et le Déjeuner.
Zampa.
Avant, Pendant et Après.
Les Projets de mariage.
Un premier Amour.
Napoléon, ou Schœnbrunn et Ste-Hélène.
La Courte-Paille.
Le Hussard de Felsheim.
1760, ou les 5 Chapeaux.
Rigoletti.
Frédégonde et Brunehaut.
Gustave III.
Elle est Folle.
L'Abbé de l'Epée.
Un Fils.
Les Infortu. de M. Jovial.
M. Jovial.
Victorine.
Catherine ou la Croix d'or
La Belle-Mère et le Gend.
Heur et Malheur.
Il y a Seize ans.
L'Héroïne de Montpellier
C'est encore du Bonheur.
La Mère au bal, et la Fille à la maison.
Jean.
Les Etourdis.
Valérie.
Faublas.
Picaros et Diégo.
Démence de Charles VI.
Une Heure de mariage.
Madame Du Barry.
Le Chiffonnier.
Le marquis de Brunoy.
Le Voyage à Dieppe.
Les Anglaises pour rire.
La Fille d'honneur.
Un moment d'imprudence
Le Dîner de Madelon.
Les Deux Ménages.
Le Bénéficiaire.
Malheurs d'un joli garçon
Robert, chef de brigands
Michel Perrin.
Une Journée à Versailles.
Le Barbier de Séville.
Les Cuisinières.
Le Nouv. Pourceaugnac.
Marie.
Le Secrét. et le Cuisinier.
Clotilde.
Bourgmest. de Saardam.
Le Roman.
Le Coin de Rue.
Le Célibataire et l'Homme marié.
La Maison en loterie.
Les Deux Anglais.
Le Mariage impossible.
La Ferme de Bondi.
Werther.
La Prison d'Edimbourg.
La Première Affaire.
La Famille de l'Apothicai.
Don Juan d'Autriche.
L'Enfant trouvé.
Le Poltron.
Le Facteur.
Misanthropie et Repentir
Le Châlet.
Perrinet Leclerc.
Moiroud et Compagnie.
Agamemnon.
Chacun de son côté.
Le Vagabond.
Thérèse.
Sans Tambour ni Tromp.
Marino Faliero.
Fanchon la Vielleuse.
Prosper et Vincent.
Glenarvon.
Le Conteur.
Le Caleb de Walter Scott.
La Dame de Laval.
Carlin à Rome.
Les Deux Philibert.
Les Contrariétés.
Couvent de Tonnington
Le Landaw.
Une Famille au temps de Luther.
Les Poletais.
Honorine.
Angéline.
La Princesse Aurélie.
Les Petites Danaïdes.
Sophie Arnould.
Un Mari charmant.
Les Deux Frères.
Madame Lavalette.
La Pie Voleuse.
La Famille improvisée.
Les Frères à l'épreuve.
Le Marquis de Carabas.
La Belle Ecaillère.
Les Deux Jaloux.
Laitière de Montfermeil.
Les Bonnes d'Enfans.
Farruck le Maure.
Monsieur Sans-Gêne.
Monsieur Chapolard.
La Camargo.
Préville et Taconnet.
Le Bourru bienfaisant.
La Fille de Dominique.
Philosophe sans le savoir
Rossignol.
Deux vieux Garçons.
Jeunesse de Richelieu.
Le Père de la Débutante.
L'Avoué et le Normand.
La Juive.
Un Page du Régent.
Les Indépendans.
Les Huguenots.
Mal noté dans le quartier.
L'Idiote, dr. en 4 actes.
Suzette.
Guillaume Colmann.
Les Deux Edmond.
Le Serment de Collége.
La Vie de Garçon.
La Camaraderie.
Le Commis Voyageur.
Liste de mes Maîtresses.
Alix, ou les Deux Mèr.
Harnali, *parodie*.
99 Moutons et un Champenois.
Un Ange au sixième étage
Frascati, vaud. en 3 actes
La Cocarde tricolore.
La Muette de Portici.
La Foire Saint-Laurent.
Clermont.
Le Pioupiou, v. en 5 actes
Perruquier de la Régence
Le Chevalier du Temple.
Le Mariage d'argent.
Le Camp des Croisés.
Mademoiselle d'Aloigny.
Une Vision ou le sculpteur
Le Bourgeois de Gand.
Le Pauvre Idiot, d. 3 act.
Louise de Lignerolles.
L'Homme de Soixante ans
Marguerite.
La Belle-Sœur.
Céline la Créole.
Mademoiselle Bernard.
Précepteur à vingt ans.
Madame Grégoire.
La Cachucha.
Samuel le marchand.
Guillaume Tell, op. 4 a.
Henri Hamelin, dr. 5 a.
Un Testament de dragon
Le Ménestrel, com. 5 a.
Bayadères de Pithiviers.
Peau d'âne, en 5 actes.
L'Ouverture de la Chasse
La Vie de Château.
Thérèse, opéra-comique.
L'Obstacle imprévu.
Richard Savage, dr. 5 a.
Le Grand-Papa Guérin.
Le Général et le Jésuite.
La Boulangère a des écus
D. Sébastien de Portugal
C'est monsieur qui paie.
Mademoiselle Clairon.
Ruy-Brac, p. de Ruy-Blas
Une Position délicate.
Randal, dr. en 5 actes.
L'Enfant de Giberne.
Sept Heures.
Un Bal de Grisettes.
Candinot, roi de Rouen.
Françoise et Francesca.
La Mantille.
Les Trois Gobe-Mouches
Postillon franc-comtois.
Mademoiselle Nichon.
Dagobert.
Les Maris vengés.
Une Saint-Hubert.
La Fille d'un Voleur.
Les Sermens.
Le Planteur.
Jaspin, com.-vaud.
Le Père Pascal.
Nanon, Ninon, Maintenon
Phœbus.
Les Camarades du minist.
Vingt-six ans.
La Canaille.
L'Eclair.
L'intérieur des Comités révolutionnaires.
La Laitière de la Forêt.
Bobèche et Galimafré.
La Femme Jalouse.
Le Panier Fleuri.
Le Protégé.
Le Diamant.
Les Treize.
Naufrage de la Méduse.
L'Eau merveilleuse.
Geneviève la Blonde.
Industriels et Industrieux
Le Pied de mouton.
La Grande Dame.
Passé minuit.
Le Susceptible.
Le Pacte de Famine.
Tribut des Cents Vierges
Isabelle de Montréal.
Une Visite nocturne.
Madame de Brienne.
Un Ménage parisien.
Les Brodequins de Lise.
Valentine.
La Belle Bourbonnaise.
Mademoiselle Desgarcins
Passé Midi.
Les Trois Quartiers.
La Nuit du Meurtre.
La Fiancée.
Les Ouvriers.
L'Elève de Saumur.
Carte blanche.
Chantre et Choriste.
Chansons de Béranger.
La Fille du Musicien.
La Rose Jaune.
Le Shérif.
Les Filles de l'Enfer.
César, ou le Chien du château.
Eustache.
Argentine.
L'Amour.
Fiancée de Lammermoor.
Le Père de Famille.
Bélisario.
Le Débardeur.
La Symphonie.
Sujet et Duchesse.
Ecorce russe et Cœur français.
Un Scandale.
Le Bambocheur.
Le Philtre, opéra.
Le Tasse.
Léonide, ou la Vieille.
A Minuit.
Le Coffre-fort.
Fénélon, par Chénier.
Les Machabées.
La Lune Rousse.
L'Amant bourru.
Cartouche, ou les Voleurs
L'espionne Russe.
Les Deux Normands.
Le Soldat de la Loire.
Malvina, ou le Mariage.
Le plus beau Jour de la vie
Polder, ou le Bourreau.
Louise, ou la Réparation
Les Premières Amours.
Le Colonel.
Le Coiffeur et le Perruquier.
La Reine de seize ans.
Kettly, ou le Retour.
La Famille Riquebourg.
Lisbeth, ou la Fille du Laboureur.
La Lune de Miel.
La Correctionnelle.
La République, l'Empire et les Cent jours.
Les deux Forçats.
Quaker et la Danseuse.
Les Enfans d'Edouard.
Yelva.
La Marraine.
La Mansarde.
La Fille du Cid.
Assemblée de Créanciers
Le Soldat laboureur.
Les Cabinets particuliers
Les Deux Systèmes.
La Reine d'un jour.
Régine ou Deux Nuits.
L'Humoriste.
Lénore.
Hochet d'une Coquette.
La Fausse Clé.
Le Secret du Soldat.
La Peur du Tonnerre.
La Neige.
Le Jésuite.
Les 6 Degrés du Crime.
Les Deux Sergens.
Le Diplomate.
L'œil de verre.
Larréaumont.
Le Code et l'Amour.
Une Jeune Veuve.
La Mansarde du Crime.
Judith.
Madame Duchâtelet.
Le Verre d'eau.
Masaniello.
Je connais les femmes.
La Rose de Péronne.
Deux Sœurs.
La Grace de Dieu.
La Dette à la Bamboche.
Une nuit au Sérail.
L'embarras du choix.
La Popularité.
Caravage.
Un Monsieur et une Dame
Les Pénitens blancs.
Christine.
Permission de 10 heures
Béatrix, drame.
Voyage de Robert-Macaire.
Comité de Bienfaisance.
Floridor le Choriste.
La Mère et la Fille.
La Fille du Tapissier.
Le Veau d'Or.
Mari de sa Cuisinière.
Le Débutant.
Le Quinze avant Midi.
Deux Dames au Violon.
Le Beau-Père.
La Maîtresse de Poste.
L'Homme Gris.
Le Bureau de Placem.
Les Oiseaux de Bocace.
Le Festin de Pierre.
Le Bon Ange.
Les Economies de Cabochard et Sous-Clé.
Frère et Mari.
Le Bon Moyen.
Un Mari du Bon temps
La Prétendante.
Le Secret du Ménage.
La Citerne d'Albi.
Un mois de fidélité.
Le Cousin du ministre.

www.ingramcontent.com/pod-product-compliance
Ingram Content Group UK Ltd.
Pitfield, Milton Keynes, MK11 3LW, UK
UKHW020457220726
13923UKWH00006B/2602